MUSIQUE

par

N. LUCI,

ALGER

V

ABRÉGÉ THÉORIQUE & PRATIQUE DE MUSIQUE

divisé en deux parties,

pour servir d'introduction à l'étude du Solfège et des Instruments.

Par

L. LUCE,

Chevalier de la Légion d'honneur, Directeur de l'École communale de Musique d'Alger.

1re PARTIE : *Texte explicatif suivi d'exemples.*
2e PARTIE : *Intonation et Rythme.*

ALGER
Lithographie & Autographie Bastide.
1856

1ère Leçon. (1)

La Musique est l'art d'impressionner, d'émouvoir par la combinaison des sons.

La Musique se compose de deux choses: Des sons, et de la durée de ces sons,

La durée des sons s'exprime par la forme ou la figure de certains signes que l'on appelle notes.

Figure des notes.

Ronde, Blanche, Noire, Croche, Double Croche, Triple Croche, Quadruple Croche.

(*Démonstration*) Après avoir fait remarquer aux élèves les différentes formes des notes, on en tracera la figure à la craie sur un tableau noir, en évitant de les placer dans l'ordre de l'exemple précédent; on les leur fera nommer d'abord ensemble, puis individuellement, en les indiquant avec la pointe d'une baguette. Cet exercice sera répété, jusqu'à, ce qu'on se soit as- -suré qu'ils les reconnaissent parfaitement.

(1) Le temps que devra durer la leçon sera partagé en trois périodes: la première sera employée à faire de la théorie, ou à la récitation des leçons qui devront être apprises par cœur, la deuxième aux exercices rhythmiques et la troisième à l'étude des intonations

2ème Leçon.

Pour mesurer exactement la longueur ou la durée des diverses notes, on bat la mesure:

Battre la mesure, exprime l'action de marquer des coups à intervalles égaux, soit avec le pied, soit avec la main.

Ces coups ou ces mouvements se nomment des temps.

La noire est l'unité de temps.

La Noire	♩	dure 1 temps.
La Blanche	♩	dure 2 temps.
La Blanche *suivie d'un point*	♩.	dure 3 temps.(1)
La Ronde	o	dure 4 temps.

(*Démonstration*) Pour battre ces temps, les élèves frapperont légèrement et sans bruit, avec la main droite dans la main gauche ouverte, et placée près de la poitrine ; = pour la noire, ils diront <u>un</u>, en frappant un coup. Pour la blanche, en frappant deux coups, <u>un, deux</u>. Pour la blanche pointée, trois coups, <u>un, deux, trois</u>. quatre coups pour la ronde, <u>un, deux, trois, quatre</u>.

Lorsque les élèves seront suffisamment exercés à battre les temps des quatre durées ci-dessus, isolées, on les leur nommera de nouveau sans ordre de valeur, ils devront en marquer les temps en recommançant sans interruption, jusqu'à ce qui leur en soit nommé une autre.

Ensuite on les exercera sur l'exemple suivant, qu'ils liront sans s'arrêter en battant les temps.

Exercice.

(1) Voir plus loin l'explication du point.

3.ᵉ Leçon.

Valeur Numérique de Notes.

3.

La Ronde vaut { 2 Blanches,
4 Noires,
8 Croches,
16 Doubles Croches,
32 Triples Croches,
64 Quadruples Croches.

La Blanche vaut { 2 Noires,
4 Croches,
8 Doubles Croches,
16 Triples Croches,
32 Quadruples Croches.

La Noire vaut { 2 Croches,
4 Doubles Croches,
8 Triples Croches,
16 Quadruples croches.

La Croche vaut { 2 Doubles Croches,
4 Triples Croches,
8 Quadruples Croches.

4ème Leçon

Des Silences.

Il y a des temps sur lesquels le son est inter-
-rompu. Ces temps de repos se nomment Silences.
Toutes les durées quelles qu'elles soient ont leurs
silences équivalents, qui sont représentés
par les signes suivants.

Exemple.

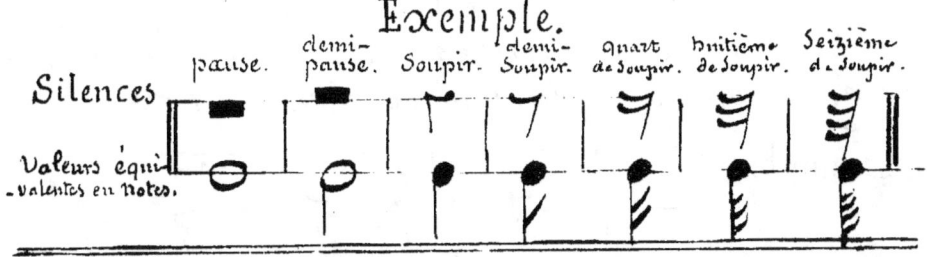

Silences : pause. demi-pause. Soupir. demi-Soupir. quart de Soupir. huitième de Soupir. Seizième de Soupir.

Valeurs équi--valentes en notes.

(*Démonstation*) Les silences se battront de même que les notes dont ils représentent la durée, seulement les élèves en compteront les temps mentalement.

Exercice *sur les silences et les valeurs précédents*

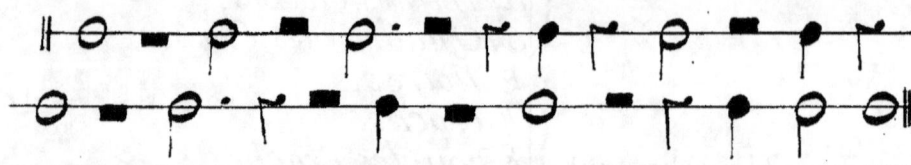

5ème Leçon.

Du Point.

Le Point est un signe de prolongation.
Un point placé après une note quelconque en prolonge le son de la moitié de sa valeur.

Exemple.

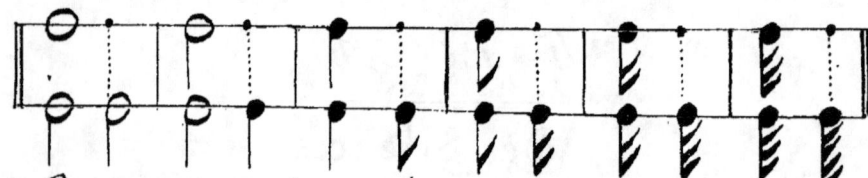

On met aussi quelquefois après une note, deux points à la suite l'un de l'autre; dans ce cas le second point vaut la moitié du premier.

Exemple.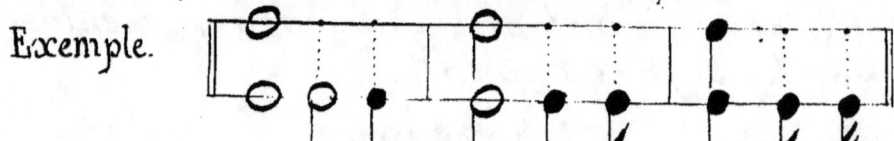

Un point placé après un silence le prolonge également de la moitié de sa durée.

Exemple.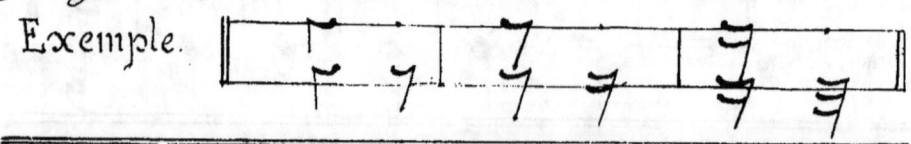

6ème Leçon.

Des Sons.

Il y a en musique sept sons principaux,
Ces sept sons se nomment
DO ou UT, RÉ, MI, FA, SOL, LA, SI.
La suite de ces sept sons forme une sorte d'échelle que l'on nomme Gamme.

Echelle des Sons.

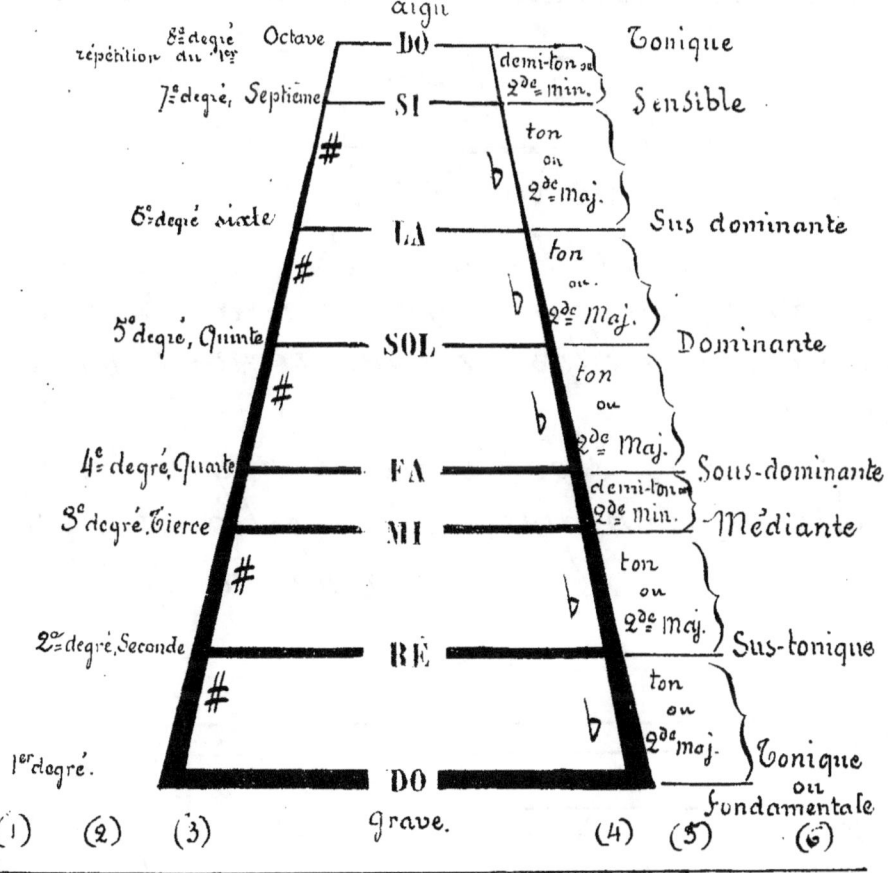

(*Démonstration*) Ici les élèves commenceront à émettre les sons de la gamme en nommant les notes DO, RE, etc.

On leur donnera l'intonation du premier son, Do, qu'ils devront répéter en écho, ensuite le deuxième, Ré, qu'ils répéteront encore, ainsi de suite jusqu'au huitième, qu'on leur dira être la répétition du premier, et le complément de la gamme.

Lorsque les intonations de la gamme seront chantées justes, les élèves la chanteront sans interruption en montant et en descendant, d'abord sans mesure, ensuite en donnant à chaque note une valeur égale, en battant soit, deux, trois, ou quatre temps, et suivant des yeux les notes écrites sur les barreaux de l'échelle.

On fera remarquer aux élèves les échelons 3 et 4°, 7 et 8, plus petits de moitié que les autres.

Que les sons du bas de l'échelle sont graves, et que ceux du haut sont aigus.

7ème Leçon

De la Portée

On a vu à la leçon précédente que la série des sons forme une sorte d'échelle depuis le son le plus grave jusqu'au plus aigu.

Ces sons s'écrivent au moyen de cinq lignes horizontales; ces cinq lignes ainsi que leurs interlignes se nomment Portée

Exemple.

5e id ....
4e id .... 4e id.
3e id .... 3e id.
2e id .... 2e id
1e ligne .... 1re interligne

On compte les lignes du bas en haut, la note placée sur la cinquième ligne représentera le son le plus aigu que l'on puisse écrire sur cette portée.

Les notes se placent sur les lignes et dans les interlignes.

Exemple.

8ème Leçon

Des Clés.

Au commencement de la portée on place des signes que l'on appelle Clé. Ces signes servent à déterminer la position des notes, et à indiquer la région plus ou moins élevée dans laquelle le chant emprunte ses sons.

Il y a trois espèces de Clés, dont voici le nom et la figure.

Exemple.

Clé de Fa.   Clé d'ut.   Clé de Sol.

(Démonstration) On fera comprendre aux élèves que la Clé donne son nom à la ligne sur laquelle elle est placée, qu'il faut prendre la note placée sur cette ligne pour point de départ, et nommer les autres, soit au dessus, soit au dessous, en observant d'en-

placer une sur chaque ligne et dans chaque interligne
(voir le 2ᵈ exemple de la 7ᵉ leçon.)

9ᵉᵐᵉ Leçon.

Exercices pour apprendre la position des Notes à la Clé de Sol.

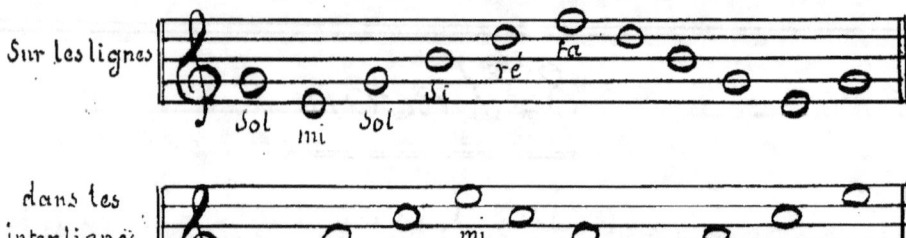

Sur les lignes
dans les interlignes

(*Démonstration*) Comme moyen prompt d'apprendre la position des notes aux jeunes enfants on se servira de la main Musicale de Wilhem.

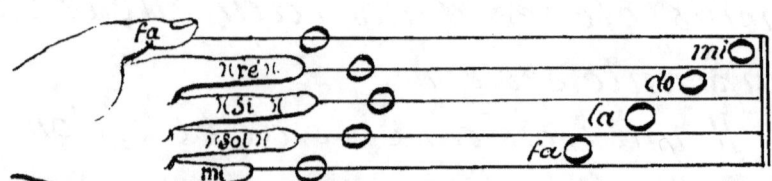

D'abord les élèves apprendront par cœur les notes placées sur les cinq lignes *mi, sol, si, ré, fa*,

Ensuite on les leur fera dire sur les cinq doigts de la main gauche qui sera ouverte et les doigts écartés comme la main ci-dessus, en leur faisant comparer les cinq lignes de la portée, aux cinq doigts de la main.

Ils diront les notes alternativement sur la main et sur la portée peu à peu on négligera la main, et enfin on ne reviendra à la main, que lorsqu'ils se tromperont sur la portée.

On suivra le même procédé pour les notes placées dans les interlignes.

La portée ne suffit pas toujours pour recevoir tous les sons que peut parcourir la voix humaine, et surtout la plupart des instruments. Quand on veut noter un son plus aigu ou plus grave, que ceux qu'elle peut contenir, il faut y ajouter de nouveaux échelons, c'est-à-dire des lignes supplémentaires qui n'ont pas la longueur des autres, et qui ne servent que pour une note.

Exemple.

Lignes supplémentaires.

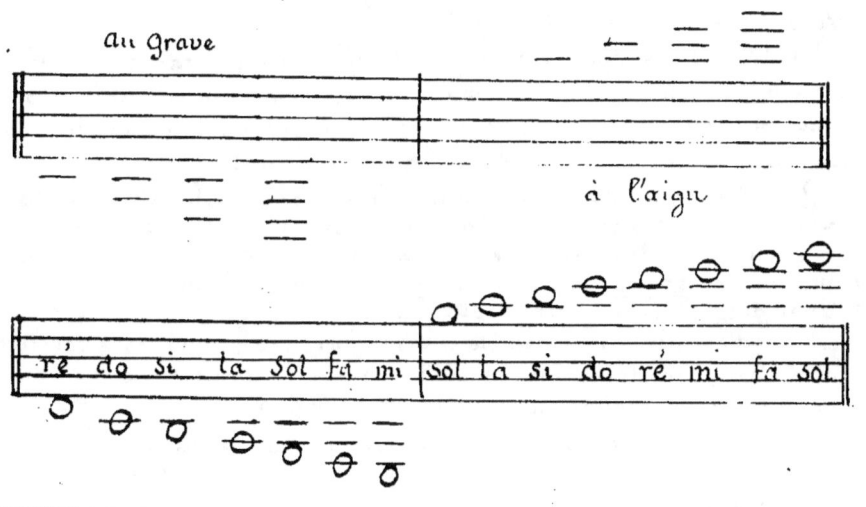

10ᵉ Leçon.

De la Gamme.

Échelle des notes de musique, disposées

selon l'ordre naturel des sons.

La gamme procède par intervalles de secondes majeures et de secondes mineures. (ou tons et demi-tons)

On la nomme gamme diatonique d'ut majeur.

Exemple.

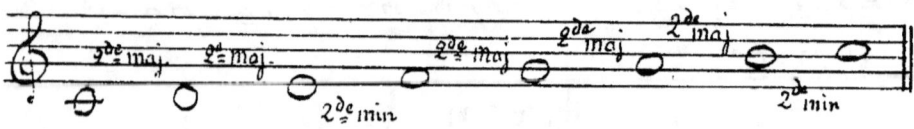

IL est indispensable qu'une Classe de musique soit munie d'un tableau peint en noir sur lequel on aura tracé des portées à la peinture Blanche.

Ici les Élèves seront exercés de nouveau à chanter la gamme, qui sera notée en rondes en montant et en descendant ; ils devront en suivre les notes des yeux, en observant les durées prescrites d'avance, soit deux, trois, ou quatre temps.

Quand la gamme sera chantée juste, et sans hésitation dans la mesure, on essaiera de la faire chanter à 2 parties.

On divisera les élèves en deux groupes égaux, que l'on désignera de premier et de second, en choisissant dans chacun des groupes l'élève le plus intelligent, comme chef d'attaque.

Afin d'obtenir de l'ensemble dans la mesure ; tous les exercices devront être précédés d'une mesure comptée à haute voix ; on la nomme mesure d'avertissement ou de préparation.

Gamme à 2 parties (on peut écrire cette gamme sur) le tableau

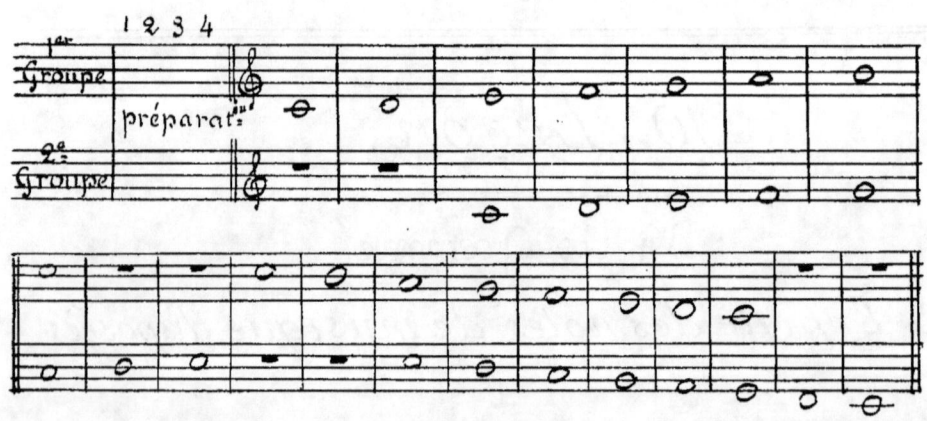

Pour émettre une intonation quelconque de la gamme ; on indiquera aux élèves le procédé qui consiste à en prendre le premier son comme point de départ et à monter successivement par les autres, seulement par la pensée jusqu'à la note demandée.

Cet exercice servira de moyen d'inspection, et en même temps à reconnaître l'intelligence musicale des élèves.

11ème Leçon.

Des Intervalles.

On nomme intervalle la distance d'une note à une autre. Le Do, pris pour point de départ, donne les intervalles suivants :

Exemple.

On appelle unisson, (ou même son.) deux notes identiques placées sur le même degré.

Exemple.

Les intervalles compris entre le 1er degré et le 8e (octave) se nomment intervalles simples, et intervalles composés, ceux qui dépassent l'octave.

Exemple.

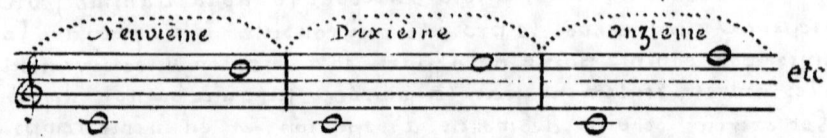

(Démonstration) Les élèves apprendront les intervalles par cœur, et devront les reconnaître en prenant une note quelconque pour point de départ, on leur fera les questions suivantes = quelle est la Quinte de Sol, la Sixte de ré, la Quarte de mi, etc, etc.

12.ᵉ Leçon.

Progression des Intervalles.

Une progression est la répétition d'un même intervalle, à partir de chaque degré de la gamme. (1)

(1) voir plus loin, page 1. *Intonation*. la série des progres.ᵒⁿˢ

(Démonstration) A mesure que les Elèves étudieront l'intonation des intervalles, ils devront en apprendre la progression par cœur.

Les exemples suivants indiqueront suffisamment les procédés à suivre pour parvenir à chanter les différents intervalles

Exemples

tierce   quinte

En général, les exercices d'intonation devront être dits lentement, à demi voix, en s'écoutant chanter; la bouche ouverte, de manière que l'émission des sons soit franche, et la voix bien posée.

Les exercices d'intonation seront d'abord Solfiés = c'est à dire chantés en nommant les notes, Do.Re.Mi. etc.

Ensuite ils pourront être vocalisés; vocaliser, est l'action de chanter sur une voyelle, comme: a a a, etc.

13ᵉ Leçon

De la Mesure.

La somme des notes ou des silences compris entre deux barres : | | appelées barres de mesure, se nomme Mesure.

Les mesures sont composées de durées, que l'on divise par temps.

Il y a trois mesures principales

        La Mesure à 2 temps.
        La Mesure à 3 temps.
        La Mesure à 4 temps.

Pour figurer ces trois sortes de mesures, et pour rendre sensibles à l'œil les divers temps dont elles sont composées, la main décrit les figures suivantes :

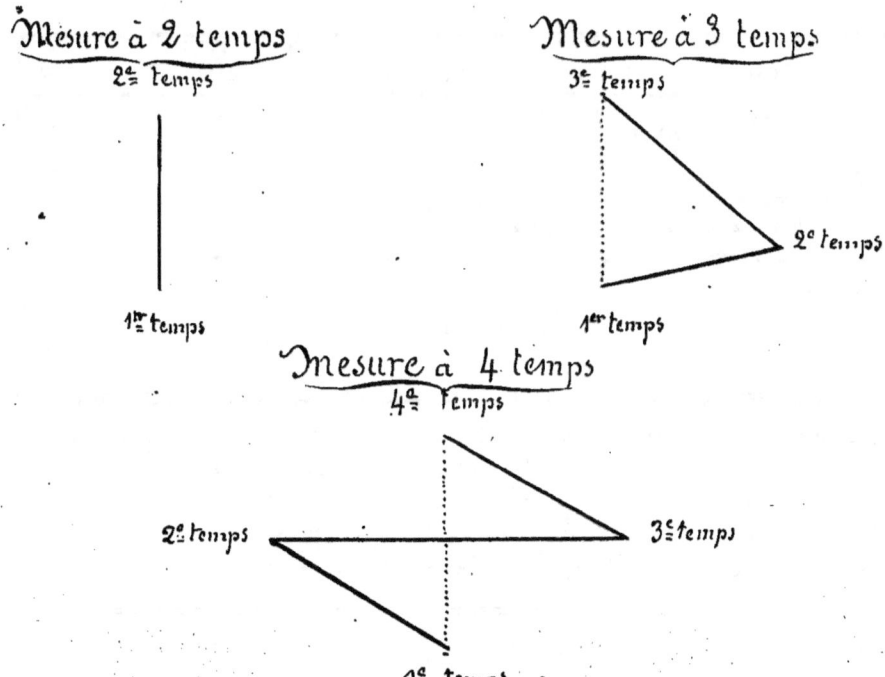

(Démonstration) Les élèves seront éxercés à battre ces trois sortes de mesures, plutôt lentement que vite, les temps seront comptés à demi voix seulement le premier temps de chaque mesure, et le troisième de la mesure à 4 temps, devront être plus accentués que les autres.

Les mouvements pour passer d'un tems à un autre seront faits vivement sans aucune hésitation.

La mesure qu'on doit battre est indiquée au commencement d'un morceau de musique, par deux chiffres superposés; ou, par abréviation, par un seul chiffre, ou par une lettre.

Quand le chiffre supérieur est pair, la mesure se bat à 2 ou à 4 temps; s'il est impair la mesure se battra à 3 temps.

Le chiffre inférieur indique en combien de parties on divise la ronde, et le chiffre supérieur combien de ces parties entrent dans la mesure.

Tableau des principales Mesures.

	Mesures à 2 temps	Mesures à 3 temps	Mesures à 4 temps
Mesures Simples / Division Binaire (1)	$\frac{2}{2}$ deux moitiés de ronde — abrév: $\frac{2}{2}$ ou $\mathbf{C}$	$\frac{3}{4}$ trois quarts de ronde — abrév. 3	$\frac{4}{4}$ quatre quarts de ronde — abrév. $\frac{4}{4}$ ou $\mathbf{C}$
	$\frac{2}{4}$ deux quarts de ronde	$\frac{3}{8}$ trois huitièmes de ronde	
Mesures Composées / Division Ternaire	$\frac{6}{8}$ six huitièmes de ronde	$\frac{9}{8}$ neuf huitièmes de ronde	$\frac{12}{8}$ douze huitièmes de ronde

(1) La division est binaire quand l'unité se divise par deux, quatre etc. Elle est ternaire quand l'unité se divise par trois, six, etc. Dans ce cas l'unité est augmentée d'un point.

Les Mesures sont Simples quand elles sont à division binaire, et Composées quand leur division est ternaire.

14ᵉ Leçon.

Du Rhythme (1)

Le Rhythme est la combinaison des durées ;

On dit qu'un morceau de musique est bien rhythmé, si certaines combinaisons de durées, dont les formes se reproduisent symétriquement, sont disposées de manière à faire sentir une mesure cadencée,

---

(1) Voir plus loin les exercices Rhythmiques.

(*Démonstration*) Lorsqu'un exercice rhythmique contiendra quelques difficultés on le décomposera ; d'abord, en comptant par chiffres les divisions de l'unité, et marquant avec l'index de la main droite, les moitiés (croches) sur les deux premiers doigts de la main gauche, et les tiers sur les trois premiers doigts.

Pour l'unité binaire (la noire) on dira ♩ un en marquant sur les deux premiers doigts ; pour l'unité ternaire (la noire pointée) on dira également ♩. un mais en marquant sur les trois premiers doigts ; pour les moitiés ♪♪ un deux ; pour les tiers ♪♪♪ un deux trois ; pour les quarts ♪♪♪♪ un deux trois quatre ; pour les sixièmes ♪♪♪♪♪♪ un deux trois quatre cinq six etc.

les silences s'observeront mentalement

Ex. [music notation with counts: un 0 | 0 deux | 0 deux trois quatre | un 0 trois quatre | un deux 0 quatre] etc.

Les signes de prolongation, points ou liaisons, s'exprimeront en prolongeant le mot précédent, comme : un—un, deux—en trois—a

Moitiés.

Ex. [music notation: un—un deux | un—un deux un deux—en deux | un deux—en deux] etc.

Tiers.

Ex. [music notation: un—un trois | un—un trois | un deux—en un deux—en | un deux trois—a deux trois] etc.

Quarts.

Ex. [music notation: un—un quatre | un—un quatre | un deux en quatre | un deux—en quatre] etc.

Ensuite on nommera les notes; toujours en marquant sur les doigts les divisions de l'unité. Les points et les liaisons s'exprimeront en prolongeant la note précédente, comme : Do-o, Ré-é, Mi-i, etc.

Le premier chiffre ou la première note marquée sur le pouce devra être plus accentuée que les autres. Cette règle est très importante et ne doit pas être négligée.

Puis après on battra la mesure, toujours en accentuant la 1ère note de chaque temps, mais plus particulièrement celle du 1er temps de la mesure.

Enfin, on joindra l'intonation à la mesure.

Il sera utile d'exercer les élèves à décomposer les mesures, par exemple; d'une mesure à 2/4 en faire une à 4 temps, en prenant la croche pour unité. D'une mesure à 4 temps, une à 2/4 en considérant la blanche comme unité, des mesures à division ternaire, en faire autant de mesures à 3 temps qu'il y a de fois trois croches dans la mesure.

15ᵉ Leçon.

Temps forts et temps faibles.

On appelle temps fort, celui sur lequel le rhythme s'appuie plus particulièrement.

Le premier temps des mesures à 2 et à 3 temps, ainsi que le premier et le troisième de la mesure à 4 temps, sont forts.

Par opposition, les autres sont faibles.

Dans les mesures à division binaire, les temps forts, ou les parties fortes des temps, se produiront de deux en deux, de quatre en quatre, et, de trois en trois dans les mesures à division ternaire.

Exemple.

unités   moitiés   tiers   quarts   sixièmes   sixième subd.ⁿ binaire   huitièmes

16ᵉ Leçon.

Des Syncopes

Une note est syncopée, si elle commence sur un temps faible et finit sur un temps fort. Ex. ou bien, si elle commence sur la partie faible d'un temps, et finit sur la partie forte.
Ex.   ou
     Moitiés   quarts.

Pour l'étude des syncopes voir le n° 26. page 29 du Rythme.

17ᵉ Leçon.

Des Liaisons.

Quand le signe ⌢ ou ⌣, nommé liaison, est placé au-dessus, ou au-dessous de deux notes semblables: ces notes sont liées, et ne doivent former qu'un son.

La liaison s'emploie pour exprimer une prolongation que le point ne peut effectuer. Ex:

Appendice = La liaison est encore un signe d'articulation, Quand elle est placée au-dessus ou au-dessous de plusieurs notes différentes, elle indique que ces notes doivent être liées ou coulées

Ex.

le détaché et le piqué sont l'opposé du coulé. les points au dessus des notes indiquent qu'il faut les séparer, les exécuter distinctement

Ex.
     détaché   piqué

18ᵉ Leçon.

Des Dièzes, des Bémols et du Bécarre.

Le Dièze #, placé devant une note, en élève l'intonation d'un demi-ton.

Le Bémol ♭, placé devant une note en abaisse l'intonation d'un demi-ton.

Le Bécarre ♮, placé devant une note déjà affectée d'un dièze ou d'un bémol, la rétablit dans son intonation primitive.

Exemple.

Les dièzes se succèdent par quintes ascendantes en commençant par le fa: Ex: Fa, Do, Sol, Ré, La, Mi, Si.

Les bémols par quintes descendantes en commençant par le si: Ex. Si, Mi, La, Ré, Sol, Do, Fa.

Quand une ou plusieurs notes doivent être diézées ou bémolisées dans le courant d'un morceau, les signes altératifs se posent après la clé, à la place des notes qu'ils doivent modifier.

Exemple.

Dans ce cas ils sont nommés dièzes ou bémols constitutifs, parce qu'en effet, (comme on le verra plus loin) ils constituent le ton.

Et quand ils arrivent isolément, ils sont nommés dièzes ou bémols accidentels.

Il y a aussi des doubles dièzes , et des doubles bémols ♭♭. les premiers élèvent l'intonation de deux demi-tons, et les seconds l'abaisse de deux demi-tons.

La science acoustique a déterminé d'une manière fixe le rapport des sons entre eux, et elle a prouvé physiquement que neuf commas forment l'intervalle qui dans la musique est appelé ton ou seconde majeure.

Le dièze prend cinq commas, en montant; tandis que le bémol les prend en descendant, ce qui explique que le dièze tend à monter à sa note supérieure et le bémol à descendre à sa note inférieure.(1)

(Démonstration) Le dièze produit, avec le son supérieur le même air que le si avec l'ut. Il faut donc exercer les élèves à chanter l'air do, si, do, en y adaptant successivement les notes. Ré, Do#Ré. Mi, Ré#Mi. Fa, Mi Fa. Sol, Fa#Sol. La, Sol#La. Si, La#Si.

Une note dièzée tendant toujours à monter à sa note supérieure; il faut donc, ne jamais chanter un dièze, sans penser, avant et après, à la note supérieure, qui sert à le mesurer.

Exemple

(On fera étudier avec le plus grand soin le tableau N°27 page 9 des intonations)

Le bémol produit avec le son inférieur le même air que le Fa, et le Mi. on fera chanter alternativement avec l'air Fa Mi Fa les notes Do, ré b Do. Ré, Mi b Ré. Fa, Sol b Fa. Sol, La b Sol. La, Si b La. Si, Ut, Si.

Une note bémolisée tendant toujours à descendre à sa note inférieure; il faut donc, ne jamais chanter un bémol sans penser avant et après à sa note inférieure qui sert à le mesurer.

Exemple

(on étudiera avec attention le tableau 29 page 11 des intonations.)
(1) voir page 5 Echelle des sons (3) et (4) la position des dièzes et des bémols.

19.e Leçon.

Gamme Chromatique.

La gamme chromatique procède par demi-tons diatoniques, et demi-tons chromatiques.

Demi-tons diatoniques formés de 4 commas.   Demi-tons chromatiques formés de 5 commas.

Exemple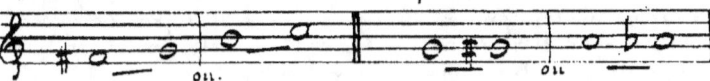

Gamme Chromatique.

ascendante. — *descendante.*

L'inégalité des demi-tons explique pourquoi on monte la gamme chromatique avec des dièzes, et qu'on la descend avec des bémols.

20ᵉ Leçon

Intervalles Modifiés.

Les intervalles sont soumis à cinq modifications : plusieurs en subissent trois, et d'autres quatre.

Ces modifications ont reçu les noms suivants.

Diminué, ou Minime.
Mineur.
Majeur.
Juste, ou Parfaite
Augmenté, ou Maxime.

Exemple.

(Démonstration) L'étude de la composition des intervalles modifiés étant très difficile, on devra les faire apprendre par cœur, l'un après l'autre, et les faire écrire sur le tableau. ainsi, on dira à un élève écrivez la 2ᵈᵉ augᵗᵉ de Sol, quelle est sa composition etc. ainsi de suite pour les autres intervalles.

21ᵉ Leçon

Des Modes.

On appelle Mode, la manière d'être d'un ton ou d'une gamme par rapport à la distribution des 2ᵈᵉˢ majeures et mineures;

Il y a deux modes:

Le mode majeur et le mode mineur.

Pour bien saisir le rapport des modes, il faut comparer les deux gammes suivantes.

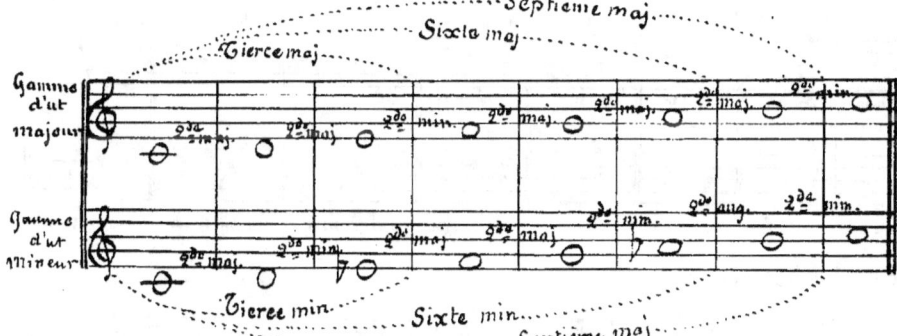

On remarquera que dans le mode majeur la première tierce est majeure, tandis que dans le mode mineur, cette même tierce est mineure. dans la gamme majeure la sixte est majeure, et mineure dans la gamme mineure.

Les première, deuxième, quatrième, cinquième, et septième notes de la gamme se nomment notes tonales, parce qu'en effet elles constituent le ton; elles sont invariables dans les deux modes.

La troisième et la sixième note se qualifient de notes modales et variables, en effet, si on vient à les baisser on ne change pas de ton, mais on change de mode.

Indépendamment des dénominations de tonales et de modales les notes prennent des noms dérivant de leur caractère, de leur position relative par rapport à celle d'entre elles, prise pour point de départ.

(Voir page 5, échelle des sons (5)

(Démonstration) Il est important que les élèves se rendent parfaitement compte de la gamme min: on devra écrire sur le tableau celle de La min. en regard de sa gamme maj d'Ut on les leur fera remarquer et comparer les intervalles, en les exerçant à les chanter alternativement.

22ᵉ Leçon.

De la Tonalité

On dit être dans telle tonalité, chanter ou jouer dans tel ton, si le morceau est écrit avec les notes de la gamme du même nom.

Et chaque fois que l'on y introduit, ou qu'on en retranche un dièze ou un bémol, il y a changement de ton, c'est à dire modulation.

Tableaux des Tonalités (1).

(*Démonstration*) Les élèves apprendront les tonalités par cœur, ils devront répondre aux questions suivantes : dans quel ton est on avec un dièze à l'armure. = ou bien retourner les questions = en Sol combien de dièzes à la Clé, etc.

On fera remarquer aux élèves, que le dernier dièze de l'armure est toujours posé sur la note Sensible du mode maj. Et que l'avant dernier bémol donne la tonique du mode maj.

(1) Plus loin, voir la manière de distinguer dans quel ton on est avec telle ou telle armure.

23ᵉ Leçon.

Tons Relatifs ou Correspondants

On appelle tons Relatifs ou Correspondants,

deux tons dont les gammes n'ont entre elles qu'un dièze ou un bémol de plus ou de moins à l'armure de la clé; ou bien encore quand ces gammes ont au moins cinq notes semblables.

Ainsi, la gamme d'ut majeur que nous prendrons pour modèle, a pour relatifs :

La mineur — même armure — 6 notes semblables.
Sol majeur } un dièze à la clé { 6 notes semblables.
Mi mineur } { 5 notes semblables.
Fa majeur } un bémol à la clé { 6 notes semblables.
Ré mineur } { 5 notes semblables.

Outre ces cinq tons relatifs, chaque ton majeur a encore un mineur relatif de même basse. DO mineur, trois bémols à l'armure est encore relatif de DO majeur, ces deux gammes ont également cinq notes communes.

(Démonstration) on écrira sur le tableau une gamme quelconque, les élèves devront en trouver les tons relatifs, et ils en vérifieront les notes communes. La leçon suivante achèvera de faire comprendre les relations des gammes entr'elles.

24ᵉ Leçon.

De la Formation des Gammes Majeures.

La Gamme majeure se compose de deux parties semblables, comme rapport des tons avec les demi-tons.

Chacune de ces parties forme un tétracorde.(1)

Exemple.

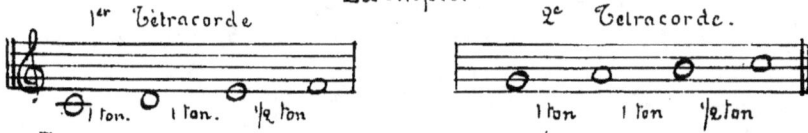

En considérant isolément les deux tétracordes composant la gamme modèle d'ut maj. nous trouvons qu'ils appartiennent à d'autres gammes, et que ces nouvelles gammes sont précisément celles de ses relatifs majeurs.

Exemple.

(1) quatre cordes.

Partant du principe, que toute gamme majeure est composée de deux éléments; En montant par tétracorde on formera toutes les gammes majeures diézées. Et, qu'en procédent dans le sens contraire, et descendant par tétracorde, on obtiendra les gammes majeures bémolisées.

Donc, l'exemple précédent nous aura servi, 1º a connaître la formation des gammes majeures. 2º. Les relations des gammes entr'elles, 3º. Leur marche par quintes ascendantes avec les dièzes, et quintes descendantes avec les bémols. Et enfin, la cause de la succession des dièzes, par quintes supérieures; et celle des bémols par quintes inférieures.

(Démonstration.) Les élèves devront, par le moyen des tétracordes, écrire les gammes majeures, les vérifier, et les comparer avec la gamme modèle, quand à la disposition des tons et des demi-tons.

A cet effet, on leur donnera une note quelconque, soit diézée, soit bémolisée pour tonique, ils devront en trouver la gamme (ici vient forcément le moment de leur parler des doubles dièzes, et des doubles bémols) en leur donnant le Sol# ou le Fa♭ pour tonique.

On leur fera remarquer que chaque tétracorde en montant amène un nouveau dièze, de même qu'en descendant, survient un nouveau bémol.

25ᵉ Leçon.

de l'Enharmonie.

L'Enharmonie, est la substitution d'une note à une autre, sans que l'intonation de la note ait changé d'une manière sensible.

Exemple

Il y a des tonalités entières qui sont enharmoniques.

Exemple.

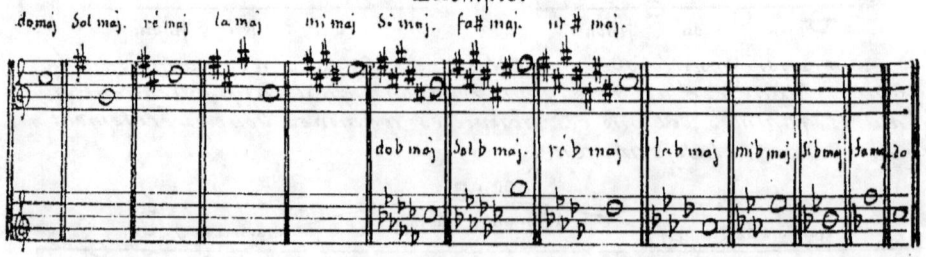

(Démonstration) Les élèves devront répondre aux questions suivantes = Quelle est l'Enharmonique de Fa# de La♭ de Ré# ainsi de suite.

26ᵉ Leçon.

Renversements.

Il y a renversement si de deux notes on supprime la note grave, et qu'on la remplace par une note de même nom, à une, ou plusieurs octaves plus haut.

Exemple.

Ou bien supprimer la note aiguë, et la remplacer par une note de même nom, à une ou plusieurs octaves plus bas.

Exemple.

Renversements des Intervalles simples.

L'unisson	la 2ᵈᵉ	la 3ᶜᵉ	la 4ᵗᵉ	la 5ᵗᵉ	la 6ᵗᵉ	la 7ᵉᵐᵉ	l'octave
devient 8ᵛᵉ	7ᵉ	6ᵗᵉ	5ᵗᵉ	4ᵗᵉ	3ᶜᵉ	2ᵈᵉ	unisson

On remarquera que l'intervalle simple et son renversement, doivent former le nombre 9.

	l'unisson	2ᵈᵉ	3ᶜᵉ	4ᵗᵉ	5ᵗᵉ	6ᵗᵉ	7ᵉ	8ᵛᵉ
Exemple.	8 octave	7ᵉ	6ᵗᵉ	5ᵗᵉ	4ᵗᵉ	3ᶜᵉ	2ᵈᵉ	1 unis.
	9.	9.	9.	9.	9.	9.	9.	9.

Les renversements des intervalles modifiés donnent :

Seconde	Mineure donne Septième	Majeure	Quinte	Diminuée donne Quarte	augmentée
	Majeure —	mineure		Juste —	Juste
	Augmentée —	diminuée		Augmentée —	Diminuée
Tierce	Diminuée donne Sixte	augmentée	Sixte	Diminuée donne Tierce	Augmentée
	Mineure —	Majeure		Mineure —	Majeure
	Majeure —	Mineure		Majeure —	Mineure
	Augmentée —	Diminuée		Augmentée —	Diminuée
Quarte	Diminuée donne Quinte	Augmentée	Septième	Mineure donne Seconde	Majeure
	Juste —	Juste		Majeure —	mineure
	Augmentée —	Diminuée		Augmentée —	Diminuée

27ᵉ Leçon.

Des signes d'abréviation.

On entend par abréviations, certains signes qui servent à simplifier et à abréger l'écriture musicale.

Des reprises. On appelle Barres de reprise, les deux traits suivants ‖ placés perpendiculairement sur la portée. Quand ces barres ‖ sont armées de deux points :‖: ‖: ces deux points indiquent qu'il faut répéter la somme des mesures comprises entre ces barres.

L'ensemble de ces mesures s'appelle Reprise.

Des renvois. Le signe 𝄋 placé soit au commencement, soit à une reprise d'un morceau, indique que plus tard on le rencontrera de nouveau, et qu'alors il faudra recommencer au premier, jusqu'à ce que l'on trouve le mot Fin.

Les mots italiens Da Capo (de la tête) ou D.C. signifient qu'il faut recommencer à la première mesure, et continuer jusqu'au mot Fin, ou bien reprendre au signe quand il y a D.C. al segno.

Bâtons de Mesures. On a vu à la 4ᵉ leçon que la pause est le silence de la ronde.

La pause représente encore le silence d'une mesure quelconque.

Lorsque le silence à observer doit avoir plus de durée que la mesure, ce silence est figuré par des signes que l'on nomme Bâtons de Mesure.

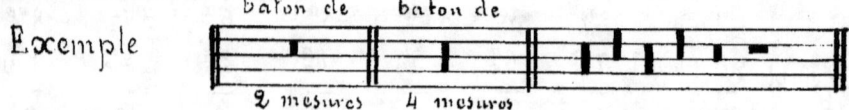
Exemple: bâton de 2 mesures, bâton de 4 mesures.

On simplifie encore cette manière d'écrire les silences, en mettant sur la portée un bâton diagonal avec le chiffre équivalent au nombre des mesures à compter.

Exemple. 19

Pour éviter d'écrire de nouveau, soit un groupe, soit une ou plusieurs mesures qui doivent être répétées, on emploie certains signes d'abréviation, dont voici quelques exemples :

28ᵉ Leçon.

Point d'Arrêt et Point d'Orgue.

On nomme **Point d'arrêt**, le signe suivant ⌢ ou ⌣. Il a pour effet de suspendre la mesure pendant un temps soumis à la volonté de l'exécutant; il se place au-dessus, ou au-dessous d'une note, ou d'un silence quelconque:

Souvent le point d'arrêt est suivi de petites notes que l'on exécute à volonté; dans ce cas il est nommé **Point d'Orgue**.

29ᵉ Leçon

Des Notes d'agrément.

On emploie en musique des petites notes, qui sont considérées comme des ornements de la note principale. On les appelle **Notes d'agrément**. Elles ne comptent pas dans la mesure.

28.

Les notes d'agrément sont :

L'appoggiature. La durée de l'appoggiature est ordinairement de la moitié de la valeur de la note principale, et des deux tiers quand cette note est pointée.

Exemple

Les petites Notes. Les petites notes doivent s'exécuter rapidement avant la note principale dont elles ne doivent pas altérer la durée.

Exemple

Le Grouppetto. Le Grouppetto (groupe) doit de même que les petites notes s'exécuter rapidement avant la note principale.

Exemple

Le Trille. Cet agrément s'indique par les deux lettres tr. placées au-dessus de la note.

Exemple

Le Mordente, ou mordent, fragment de trille qui affecte une note de courte durée, on le marque par le signe 〜

Exemple

Le Port de voix. Le port de voix consiste à glisser la voix d'une note à la note suivante, sur laquelle on anticipe.

Exemple

30ᵉ Leçon.

Des Mouvements.

On entend par Mouvement le degré de lenteur ou de vitesse dans lequel on exécute un morceau de musique.

Tableau des Principaux Mouvements.

Termes Italiens	Signification	Diminutif	Signification
Largo ou Lento	Large, Lent.	Larghetto	Moins lent que le Largo.
Adagio.	Posément, à l'aise		
Andante	Modéré avec grâce.	Andantino	Moins lent que l'andante
Maestoso	Majestueux.		
Cantabile	Chantant.		
Grazioso	Gracieux.		
Allegretto	Gracieux, léger.	Allegro	Vif, gai.
Presto	Vite.	Prestissimo ou Vivace	plus rapide que le presto.

31ᵉ Leçon

Des Nuances et de l'expression

Signes	Termes Italiens	Significations
P.	Piano.	Doux.
PP.	Pianissimo.	Très doux
F.	Forte.	Fort.
MF.	Mezzo-Forte.	Moitié fort.
FF.	Fortissimo.	Très fort.
< cres.	Crescendo.	En augmentant le son.
> decres.	Decrescendo.	En diminuant le son.
<>	Sforzando.	Augmenter, puis diminuer le son.
Smorz.	Smorzando	
Perdend.	perdendosi	en mourant, en éteignant le son.
Morend.	Morendo.	
Dol.	Dolce	Expression douce
Dolcissimo.	Dolcissimo	Très douce.
Con. Expres.	Con. espressione	Avec expression
Con. Fuoco.	Con fuoco.	Avec feu.
M.V.	Mezza Voce	à demi-voix.
Sotto voce		
a piacere	a piacere	a plaisir, à Volonté.
Sost.	Sostenuto	Soutenu.

31.ᵉ Leçon.

Accord Parfait.

On nomme accord parfait, la réunion de trois sons: Ex.

Il se compose d'une note quelconque, prise comme Tonique, de sa Tierce et de sa Quinte.

Il est généralement employé avec la répétition de la tonique à l'octave aiguë Ex.

Il existe dans les deux modes Ex. Majeur. Mineur.

Il prend le nom de sa première note; on dit: accord d'ut, accord de Ré, ainsi de suite. On le désigne aussi, d'après l'ordre de la note sur laquelle il est posé; ainsi on dit: Accord parfait de la tonique, du Second degré, de la dominante etc.

L'accord parfait de la tonique forme un sens complet dont l'oreille est pleinement satisfaite; il donne l'idée du mode, et sert d'accord final à toutes les phrases musicales dont il est le complément obligé.

(1) Quand les sons se produisent un à un et successivement il y a mélodie, et harmonie s'ils se font entendre simultanément; le premier accord est donc mélodique, et le second harmonique.

(Démonstration) Pour que l'Élève trouve sur le champ, sans hésiter, les notes qui doivent entrer dans la formation d'un accord, il apprendra par cœur la Série de tierces. DO. MI. SOL. SI. RÉ. FA. LA. qui compose le cercle ci-après.

Quoique l'accord Parfait fasse partie de l'harmonie, j'en ai cru la connaissance indispensable pour l'étude des intonations.

On étudiera avec le plus grand soin le N.º 21. de la page 6 des intonat.ⁿˢ exercice sur les accords parfaits de la tonique, du 4ᵉ degré (sous-dominante) et du 5ᵉ degré (dominante) ces accords forment en général la charpente de toutes les mélodies; ainsi les notes dont ils sont composés peuvent servir de jalons pour la plupart des intonations.

Ils contiennent également, les notes tonales et les notes modales, qu'on aura soin de faire remarquer aux Élèves.

Après avoir fait chanter cet exercice dans le mode majeur comme il est noté, on devra le faire étudier dans le mode mineur, soit en l'écrivant sur le tableau avec trois bémols à la clé, et des bécarres aux Si, (note sensible). Ou bien, en ajoutant par la pensée les signes altératifs sus-nommés.

Pour reconnaître dans quel ton et dans quel mode un morceau est écrit: Il faut se rappeler d'abord, que toute note tonale, dans le mode majeur, ne peut se modifier sans changer de ton.

Si le ton majeur indiqué par l'armure a bien sa quinte (l'une de ses notes tonales) exempte de modification, on sera assuré qu'on est dans le mode Majeur.

Mais si, cette même quinte est haussée d'un demi-ton, en plus de la modification qui peut être indiquée à la Clé, cette quinte sera devenue note sensible du mode mineur relatif, on sera donc dans le ton mineur relatif.

Quand un morceau est écrit à plusieurs parties, l'analyse des quatre premières mesures suffira pour reconnaître le ton; On n'aura qu'à rechercher dans les parties les notes des accords parfaits de la tonique et de la dominante.

Si, on n'avait qu'une partie à consulter, la chose deviendrait plus difficile, néanmoins il faudrait encore chercher à reconstituer l'accord parfait, ou au moins à en trouver la tierce et la quinte. Si ces deux notes étaient les mêmes qu'à l'armure, il serait évident que l'on serait dans le mode majeur. Tandis, que si la quinte était haussée d'un demi-ton, elle deviendrait note sensible du relatif mineur, dont la tierce serait la quinte (ou Dominante).

Reste un autre moyen, qui consiste à recourir à la Note finale, pour reconnaître s'il se termine sur la tonique majeure, ou sur celle de son relatif mineur. Mais ce moyen peut induire en erreur, parce que le morceau, par suite de modulation, a pu passer et demeurer dans un autre ton.

Exercices de Lecture Rhytmique (1)

(1) Ces exercices Rhythmiques seront étudiés 1º le nº 1 après les moitiés, 2º le nº 2 après les quarts, 3º le nº 3 après les tiers, 4º le nº 4 après les sixièmes.

INTONATION.

Progression des Secondes.

N.º 1.

N.º 2. *Exercice.*

N.º 3. *Exercice à 2 parties.*

Intonation. 8.

N° 23.

N° 24.

N° 25.

N° 26.

Intonation N:o 28.

Exercice sur les Dièzes accidentels.

N°29.   *11.* Bémols accidentels.   *Intonation.*

Rhythme. 25. Division Binaire.
N° 38. Doubles croches, quarts d'unités.

Rhythme. 28. Division Ternaire.
Doubles Croches. Moitiés de tiers. Subd.on Binaire

(Nota) En doublant les huitièmes on obtient les Seizièmes; on pourra donc étudier les Quadruples Croches, si, de deux mesures de l'exemple précédent, on en fait une; en supprimant par la pensée le bâton de mesure, et en doublant toutes les durées.

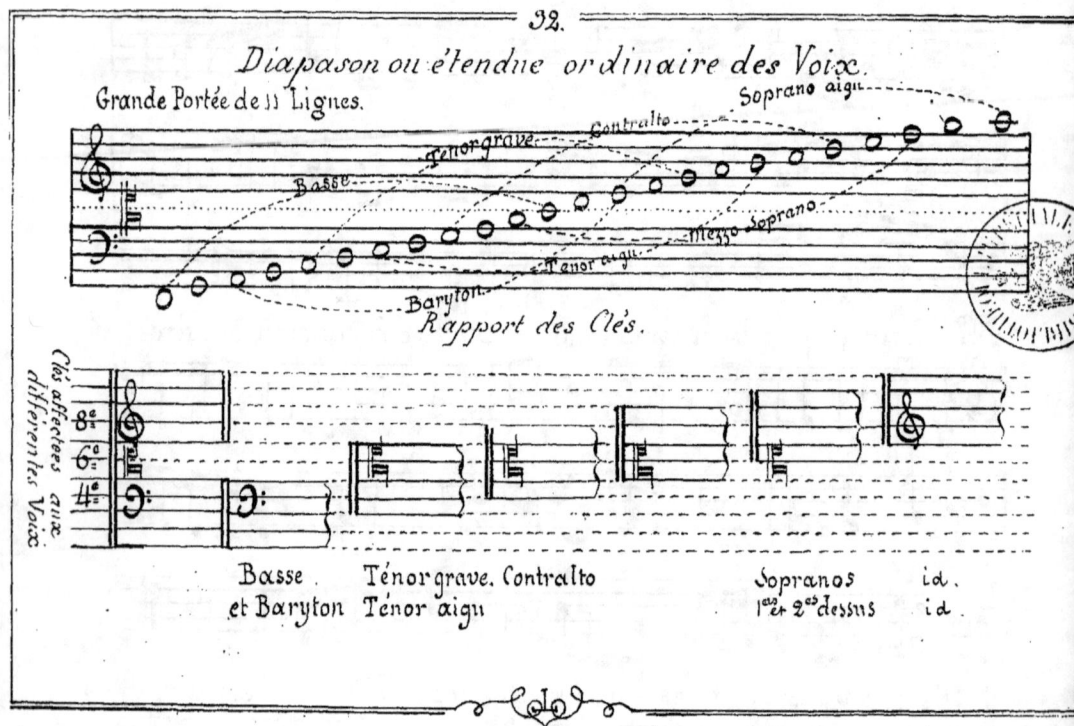

Table de l'Abrégé de Musique.

1ère Partie.

	Pages		Pages
1re Leçon — Définition de la musique et figures des notes	1	17e Leçon — des Liaisons	17
2e — Mesure	1	18e — des Dièzes, bémols et bécarre	18
3e — Valeur numérique des notes	2	19e — Gamme chromatique	19
4e — des Silences	3	20e — Intervalles modifiés	20
5e — du Point	4	21e — des Modes	21
6e — des Sons	5	22e — de la Tonalité	22
7e — de la Portée	6	23e — Tons relatifs	22
8e — des Clés	7	24e — Formation des gammes majeures	23
9e — Position des notes à la clé de sol	8	25e — de l'Enharmonie	24
10e — de la Gamme	9	26e — Renversements	25
11e — des Intervalles	11	27e — des Signes d'abréviation	26
12e — Progression des Intervalles	12	28e — Points d'arrets et point d'orgue	27
13e — de la Mesure	13	29e — Notes d'agrément	27
14e — du Rythme	15	30e — des Mouvements	28
15e — Temps forts et temps faibles	16	31e — des Nuances etc	29
16e — des Syncopes	17	32e — Accord parfait	30

2e Partie.

Intonation	Page	1
Rythme	"	13
Diapason des voix	"	32

Fin de la table

www.ingramcontent.com/pod-product-compliance
Lightning Source LLC
LaVergne TN
LVHW022114080426
835511LV00007B/809